BEI GRIN MACHT SICH IHR WISSEN BEZAHLT

- Wir veröffentlichen Ihre Hausarbeit, Bachelor- und Masterarbeit

- Ihr eigenes eBook und Buch - weltweit in allen wichtigen Shops

- Verdienen Sie an jedem Verkauf

Jetzt bei www.GRIN.com hochladen und kostenlos publizieren

Bibliografische Information der Deutschen Nationalbibliothek:

Die Deutsche Bibliothek verzeichnet diese Publikation in der Deutschen Nationalbibliografie; detaillierte bibliografische Daten sind im Internet über http://dnb.d-nb.de/ abrufbar.

Dieses Werk sowie alle darin enthaltenen einzelnen Beiträge und Abbildungen sind urheberrechtlich geschützt. Jede Verwertung, die nicht ausdrücklich vom Urheberrechtsschutz zugelassen ist, bedarf der vorherigen Zustimmung des Verlages. Das gilt insbesondere für Vervielfältigungen, Bearbeitungen, Übersetzungen, Mikroverfilmungen, Auswertungen durch Datenbanken und für die Einspeicherung und Verarbeitung in elektronische Systeme. Alle Rechte, auch die des auszugsweisen Nachdrucks, der fotomechanischen Wiedergabe (einschließlich Mikrokopie) sowie der Auswertung durch Datenbanken oder ähnliche Einrichtungen, vorbehalten.

Impressum:

Copyright © 2018 GRIN Verlag
Druck und Bindung: Books on Demand GmbH, Norderstedt Germany
ISBN: 9783668690509

Dieses Buch bei GRIN:

https://www.grin.com/document/419559

Karl Brockhausen

Individualisierung als modernes Phänomen. Erläuterung anhand der Individualitätstheorie Georg Simmels

GRIN Verlag

GRIN - Your knowledge has value

Der GRIN Verlag publiziert seit 1998 wissenschaftliche Arbeiten von Studenten, Hochschullehrern und anderen Akademikern als eBook und gedrucktes Buch. Die Verlagswebsite www.grin.com ist die ideale Plattform zur Veröffentlichung von Hausarbeiten, Abschlussarbeiten, wissenschaftlichen Aufsätzen, Dissertationen und Fachbüchern.

Besuchen Sie uns im Internet:

http://www.grin.com/

http://www.facebook.com/grincom

http://www.twitter.com/grin_com

Inhaltsverzeichnis

1. Einleitung 2
2. Individualität nach Georg Simmel 3
2.1. Georg Simmel 3
2.2. Individualität 4
2.3. Simmels Individualitätstheorie 5
2.3.1. Die Kreuzung sozialer Kreise 5
2.3.2. Die Großstadt und das Geistesleben 7
2.3.3. Die Philosophie des Geldes 7
3. Moderne und Individualisierung 7
3.1. Die Moderne 7
3.2. Der Prozess der Individualisierung 8
4. Fazit 9
Literaturverzeichnis 10

1. Einleitung

Wer heute wenigstens eine der großen Plattformen für soziale Medien nutzt, sei es Instagram, Twitter oder Facebook, wird nicht umhin kommen die schier unendliche Masse an *Tweeds*, *Posts* oder *Storys* zu bemerken die Menschen mit nur einem Zweck online stellen: nämlich dem der Selbstdarstellung. Der kanadische Soziologe Erving Goffman beschreibt die Selbstdarstellung 1974 als „*Aufrechterhaltung ausdrucksvoller Identifizierbarkeit*". [1] Mit anderen Worten, die eigene Individualität soll zur Schau gestellt werden. Es soll gezeigt werden, dass niemand anderes so ist wie man selbst, das zeigt sich in den Millionen Profilen die alle für sich in Anspruch nehmen Etwas besonderes, etwas individuelles zu sein. Das Paradox wird schnell deutlich. Woher kommt aber dieses Verlangen der Menschen sich abzuheben, der Drang zur Individualität? War es schon immer so, und wenn nicht wann trat dieses Phänomen das erste Mal auf? Was ist der Prozess der hinter dieser Entwicklung steht?

Diese Fragen stellten sich auch einige der größten Soziologen, die sogenannten Begründer der modernen Soziologie. Zwei die sich besonders intensiv mit dem Thema der Individualität in ihrer Zeit beschäftigten waren der französische Soziologe und Ethnologe Emile Durkheim (1858 - 1917) und der deutsche Soziologe Georg Simmel. Beide legten mit ihren Ansätzen eine Individualitätstheorie vor. In dieser Arbeit werde ich mich mit der Theorie Georg Simmels beschäftigen und versuchen die Frage zu beantworten ob und inwiefern es sich bei der Individualisierung um ein genuin modernes Phänomen handelt.

Dazu habe ich mich intensiv mit Simmels Werken und spezifischer Sekundärliteratur zu diesen beschäftigt. Besonders hervorzuheben sind hierbei Simmels Aufsatz aus dem Jahre 1890 *Über soziale Differenzierung* und sein 1908 erschienenes Werk *Soziologie. Untersuchungen über die Formen der Vergesellschaftung.*

Simmels Arbeitsweise und sein Ruf als Soziologe waren lange Vorbehalten ausgesetzt. So schrieb der deutsche Historiker Werner Jung in seinem 1990 erschienenen Werk *Georg Simmel zur Einführung*: „Simmel lehrt nichts, empfiehlt nichts und entwirft auch keine ausgeklügelte Theorie." (Jung 1990, S.94). Diese Aussage spiegelt eine lange von vielen Sozialwissenschaftlern gegenüber Simmel vertretene Haltung wieder.

In den letzten Jahren erfreuen sich Simmels Werke jedoch gerade aus diesen von Jung angeführten Punkten großer Relevanz und sind vielleicht aktueller denn je. In die Postmoderne der Soziologie passen die oft kurzgehaltenen Essays und Aufsätze gerade weil

---

[1] (maintenance of expressive identifiability) — Erving Goffman: Frame- Analysis. New York 1974, S. 288.

sie wenig systematisch und nicht in sich geschlossene Theorien sind. (Vgl. Schroer 2000, 284). Besonders in der Stadtsoziologie findet Simmel mit seinen Werken heute seinen Platz, eine Teildisziplin die hinsichtlich der immer weiter voranschreitenden Urbanisierung weltweit aktueller nicht sein könnte.

2. Individualität nach Georg Simmel

In diesem Kapitel möchte ich Georg Simmel auf welchen sich meine Aufgabenstellung bezieht kurz vorstellen, sowie Individualität und Individualisierung ganz allgemein definieren. Im Anschluss werde ich versuchen Simmels Individualitätstheorie im genaueren zu erläutern.

2.1. Georg Simmel

Georg Simmel wurde am 1. März 1858 als Kind einer vom Judentum konvertierten Familie in Berlin geboren.

Von 1876 bis 1881 studierte er an der Friedrich-Wilhelms-Universität Berlin, der heutigen Humboldt Universität zu Berlin, Geschichte und Philosophie. Seine erste Promotionsschrift wird 1881 wegen einiger Formfehler und Ungenauigkeit der Thesen nicht angenommen, auf Fürsprache seiner Gutachter wird jedoch seine prämierte Abhandlung „Darstellung und Beurteilungen von Kants verschiedenen Ansichten über das Wesen der Materie" als Dissertation akzeptiert.

Vier Jahre später wird Simmel im Fach Philosophie habilitiert und zum Privatdozenten ernannt. Aufgrund seiner rhetorischen Brillanz sind bei seinen Vorlesungen oft auch viele nichtakademische Zuhörer zugegen. Diese Beliebtheit war für seine Popularität bei vielen Kollegen jedoch wenig förderlich und sorgte teilweise für Misstrauen ihm gegenüber.

1894 entwirft Simmel in seinem Aufsatz „Das Problem der Soziologie" das Programm der Soziologie als selbstständiger Wissenschaft. Er gilt als einer der Gründerväter der Soziologie als selbstständiger Wissenschaft.

Trotz seiner bereits beachtlichen Bekanntheit und der Unterstützung einflussreicher Freunde verhinderte das deutsche akademische Establishment und der vorherrschende Antisemitismus in den darauffolgenden Jahren, dass Simmel einen eigenen Lehrstuhl erhält. Erst 1900 erhielt er eine Berufung an die Friedrich-Wilhelms-Universität, allerdings nur eine unbezahlte außerordentliche Professur für Philosophie. In den Jahren 1900 bis 1908 veröffentlichte Simmel mehrere Werke, darunter *Die Philosophie des Geldes* (1900), *Die Großstädte und das Geistesleben* (1903) und *Untersuchungen über die Formen der*

Vergesellschaftung (1908). Drei Werke die an dieser Stelle genannt werden sollen, da sie gerade für das Thema dieser Hausarbeit von Bedeutung sind.

Durch ein antisemitisches Gutachten des Historikers Dietrich Schäfer wurde Simmel 1908 eine Professur an der philosophischen Fakultät der Universität Heidelberg verweigert. Er erhielt jedoch sechs Jahre später 1914 einen Lehrstuhl an der Straßburger Universität. Am 26. September 1918 stirbt Georg Simmel in Straßburg an Leberkrebs.

2.2. Individualität

Um den Prozess der Individualisierung zu verstehen ist es wichtig sich zunächst zu fragen was Individualität ausmacht und wie man diese definiert.

Die Frage was Individualität ist spielt nicht nur in der Soziologie eine Rolle sondern auch Philosophen, Anthropologen, Psychologen aber auch Theologen beschäftigen sich mit ihr.

In der Soziologie findet man das Thema der Individualisierung und damit die Individualität bei beinahe jedem großen Klassiker, sei es Max Weber, Emile Durkheim oder George Herbert Mead. Der Soziologe Heinz Abels definiert Individualität wie folgt:

„Individualität meint einerseits das Bewusstsein des Menschen von seiner Besonderheit und das Bedürfnis, diese Einzigartigkeit auch zum Ausdruck zu bringen, und andererseits die von ihm selbst und den Anderen objektiv festgestellte Besonderheit und Einzigartigkeit." (Heinz Abels, 2010) [2]

Individualität funktioniert nur als Zusammenspiel von Individuum und Umwelt beziehungsweise Gesellschaft. Ein Individuum allein kann also nicht individuell sein, da niemand die Individualität desselben feststellen könnte. Außerdem muss das Individuum sich selbst als individuell betrachten.

Für Simmel entsteht Individualität primär aus der Kreuzung sozialer Kreise deren Komplexität sich durch den Differenzierungsprozess immer weiter erhöht. Die Auffassung der Individualität, des Individuums sowie der Individualisierung steht in allen seinen Werken im Vordergrund (Vgl. Schroer 2000, S.286f). Dieser Prozess der Kreuzung sozialer Kreise ist für Simmel eine Form der *Vergesellschaftung*, der sozialen Interaktionen der Individuen untereinander und gegenüber der Gesellschaft.

---

[2] Abels, Heinz (2010): Identität. Wiesbaden: VS Verlag für Sozialwissenschaften.

2.3. Simmels Individualitätstheorie

Simmel legt keine ausformulierte Individualitätstheorie vor, der Gegenstand der Individualität zieht sich aber – wie bereits erwähnt – durch alle seine Werke. Im Folgenden werde ich versuchen aus den drei, nach meiner Auffassung, zum Thema relevantesten Werken Simmels eine Individualitätstheorie herauszuarbeiten.

2.3.1. Die Kreuzung sozialer Kreise

Im Folgenden möchte ich auf das, unter Individualität kurz angeführte soziologische Modell der sozialen Kreise genauer eingehen. Simmel stellt seine These, dass Individualität aus den Schnittpunkten verschiedener sozialer Kreise entsteht erstmals 1890 in seinem Aufsatz *Über soziale Differenzierung* vor und greift diese dann erneut in dem Kapitel *Die Kreuzung sozialer Kreise* in seinem 1908 erschienen Werk *Soziologie. Untersuchungen über die Formen der Vergesellschaftung* auf.

Simmel setzt seiner Theorie zugrunde, dass jeder Mensch Mitglied mehrerer Gruppen oder eben *sozialer Kreise* ist. Soziale Kreise sind aber nicht nur Gruppen, in denen ein Individuum lebt und sich bewegt, sondern ein Überbegriff, der auch das Geschlecht oder die Generation umfassen kann. Die ersten und engsten Gruppen kann sich der Einzelne in der Regel nicht aussuchen. Er sieht sich einer Umgebung gegenüber *„die gegen seine Individualität relativ gleichgültig ist, ihn an ihr Schicksal fesselt und ihm ein enges Zusammensein mit denjenigen auferlegt, neben die der Zufall der Geburt ihn gestellt hat [...]"* (Simmel 1908, 403f). Dies bedeutet für Simmel den Anfangszustand sowohl phylogenetischer wie ontogenetischer Entwicklung des Individuums (Vgl. Simmel, S.404).

Beobachtet man diese Entwicklung weiter kann man laut Simmel die Verbindung, sich einander ähnlicher Individuen aus unterschiedlichen Kreisen beobachten. Es kommt zu *assoziativen Verhältnissen homogener Bestandteile aus heterogenen Kreisen.* (Simmel, 1908, Ebd.). Da diese Kreise unterschiedliche Normen haben führt die Überschneidung der Zugehörigkeit des Einzelnen in mehreren Kreisen zu inneren und äußeren Konflikten. Je weiter eine Gesellschaft entwickelt ist desto mehr Kreisen kann der einzelne angehören und so seine Individualität weiter entwickeln und sich seiner Persönlichkeit bewusst werden.

Simmel unterscheidet in seinem Modell zwischen konzentrischen und zentrifugalen Kreisen. Beide möchte ich im Weiteren kurz erläutern.

Neben der Zugehörigkeit zum ersten konzentrischen Kreis, der Familie, die wie bereits erwähnt durch die Geburt bestimmt wird, kommen weitere hinzu. Klassisch wären hier zum

Beispiel die Nachbarschaft, die Schule und die Gemeinde. Die Zugehörigkeit zu diesen primären konzentrischen Kreise werden von Interessen oder Veranlagungen nicht beeinflusst. Die Bindungen innerhalb dieser Kreise sind, wie in der Familie, eng. Für Simmel gilt: Je enger der soziale Kreis ist in dem sich ein Individuum befindet, desto weniger Freiheiten werden ihm zugestanden. Der Kreis selbst unterscheidet sich dagegen stark von anderen sozialen Kreisen und grenzt sich von diesen ab (Vgl. Schroer 2000, S.291).

Dieser Zustand ist bezeichnend für traditionelle Gesellschaften in denen das Individuum eng am sein soziales Umfeld gebunden ist.

Mit dem Übergang von der traditionellen in die Moderne Gesellschaft – auf welchen ich später näher eingehe – ändert sich auch die Möglichkeit des Einzelnen in neuen Kreisen Mitglied zu werden, sei es der Verein, die durch die Arbeitsteilung immer spezieller werdende Ausübung eines Berufs oder das freiwillige Amt, zum Beispiel als Vorstand einer Aktiengesellschaft (Vgl. Simmel 1890, S.73)

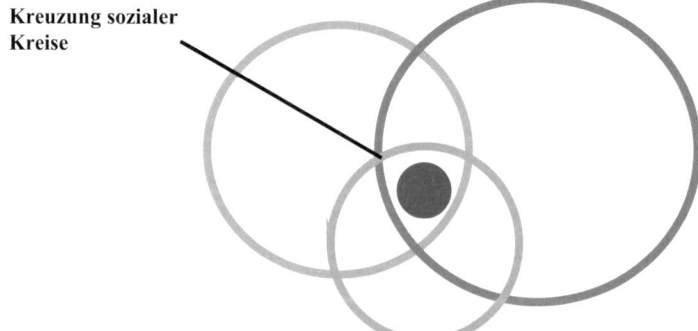

Neben die engen Kreise treten zunächst größere Kreise die dem Einzelnen mehr Spielraum für seine individuellen Interessen und damit für die Ausbildung seiner Individualität zugestehen (Vgl. Schroer 2000, S.292). Simmel stellt jetzt eine zentrifugale Ausdehnung fest. Individuen aus unterschiedlichen und unverbundenen Gruppen schließen neue *Berührungskreise*, es kommt zur *Kreuzung sozialer Kreise* in deren Folge die Individualität des Einzelnen entsteht:

„*[...] je mehre es werden, desto unwahrscheinlicher ist es, dass noch andere Personen die gleiche Gruppenkombination aufweisen werden, dass diese vielen Kreise sich noch einmal in einem Punkte schneiden.*" (Simmel 1890, S.102)

2.3.2. Die Großstadt und das Geistesleben

Laut Simmel ist eins der größten Probleme der Menschen in der Großstadt, ihre Individualität gegenüber der übermächtig erscheinenden Strukturen und Regeln der Gesellschaft zu bewahren. Durch die ständigen Nervenreizungen bildet der Grossstädter einen ausgeprägten Verstand, der ihm dabei hilft mit diesen umzugehen.

Dieser, sich aus der Steigerung der Nervenreize ergebene, Verstand, sowie die Erschließung größerer sozialer Gruppen sind laut Simmel eine Voraussetzung für die individuelle Entwicklung des Geistes. Simmel sieht hierin einen weiteren Faktor für die Herausbildung der Individualität des Einzelnen. (Vgl. Simmel 1903)

2.3.3. Die Philosophie des Geldes

Der letzte Faktor auf den ich eingehen möchte ist der der Geldwirtschaft. Für Simmel wird Geld im Prozess der *Subjekt-Objekt-Differenzierung* zum Wegbereiter der individuellen Freiheit. Als Kehrseite dieser Entwicklung beschreibt Simmel die Zersetzung traditioneller Gesellschaftsstrukturen und Beziehungen. Geld ist also Maßgeblich beteiligt sowohl am Prozess der Modernisierung als auch der Individualisierung

3. Moderne und Individualisierung

In diesem Abschnitt beschäftige ich mich mit dem zweiten Teil der dieser Hausarbeit zugrunde liegenden Fragestellung. Dazu werde ich zunächst versuchen die Moderne als soziologische Epoche und die Individualisierung als soziologischen Prozess zu definieren um anschließend zu untersuchen inwieweit es sich bei der Individualisierung um ein genuin modernes Phänomen handelt.

3.1. Die Moderne

Der Begriff der Moderne spielt wie der der Individualität in vielen Disziplinen eine wichtige Rolle, hat jedoch keineswegs überall dieselbe Bedeutung. Auch die zeitliche Einordnung ist eher schwierig, da Epochen nicht einfach beginnen und enden sondern die Übergänge oft fließend sind. Als *Durchbruch* der Moderne wird häufig die Zeit um 1850 bezeichnet, da die Veränderung sozialer Ordnungen vor dem Hintergrund der verschiedenen Revolutionen der Vorjahre in ganz Europa nun auch für große Teile der Bevölkerung spürbar wurden. Historisch bezeichnet Moderne, bedingt durch Industrielle Revolution, Aufklärung und

Säkularisierung, einen Umbruch in allen Lebensbereichen gegenüber der Tradition, Elemente die auch nach soziologischer Sicht kennzeichnend sind. In Kunst, Musik und Literatur dagegen, ist mit Moderne eine Stilrichtung gemeint, welche sich gegenüber den bestehenden Stilen als völlig neue sah.

In der Soziologie meint Moderne:

„[...] die Verbindung von Zeitdiagnose und Weltverhalten: Rationalismus gilt als die wichtigste Errungenschaft der Moderne, nach seinem Rezept soll die Welt umgestaltet werden. In diesem Verständnis ist Moderne eine universal gedachte Norm, ein Wert, der überwiegend positiv besetzt ist." (Dipper, 2010) [3]

Moderne ist also durch das durch Rationalität bestimmte Denken der Aufklärung gekennzeichnet, es gilt das Prinzip der Vernunft.

Zudem ist:

„[...] die Idee der Moderne [...] untrennbar mit dem Verständnis einer Wissenschaft verbunden, die dem Fortschritt der Menschheit, und im Fall der Soziologie, der Gesellschaft verpflichtet ist." (Mikl-Horke, 2011) [4]

Darüber wann die Moderne in der Soziologie beginnt sind sich Soziologen uneinig, Ihren Höhepunkt jedenfalls erreichte sie in der Soziologie in der Zeit vor den beiden Weltkriegen.

Viele Soziologen legen den Beginn auf die Zeit der französischen Revolution, wobei auch hier beachtet werden muss, dass es große Unterschiede zwischen den verschiedenen Kulturkreisen gibt. Allgemein muss immer beachtet werden, dass auch Epochen wie die Moderne in gewissem Maße nationalstaatlichen und geographischen Grenzen unterworfen sind. Da Simmel im westlichen Kulturkreis gelebt und gewirkt kann seine Individualitätstheorie nur im Hinblick auf die westliche Gesellschaft betrachtet werden.

3.2. Der Prozess der Individualisierung

Der Prozess der Individualisierung beschreibt in erster Linie den Übergang des Individuums von der Fremd- zur Selbstbestimmung in Folge der Errungenschaften der Modernisierung und Industrialisierung wie verbesserter Lebensstandard, sozialer Sicherheit und einem zugänglichen Angebot von Kultur. Der *mit der Moderne einhergehende* Prozess der

---

[3] Christof Dipper, Moderne, Version: 1.0, in: Docupedia-Zeitgeschichte, 25.8.2010, URL: http://docupedia.de/zg/Dipper_moderne_v1_de_2010?oldid=128031
Versionen: 2.0 1.0
[4] Mikl-Horke, Univ.-Professor Dr. Gertraude (2011): Soziologie. Historischer Kontext und soziologische Theorie-Entwürfe. München: Oldenbourg Wissenschaftsverlag.

Individualisierung (Schroer 2000, S.287) wird von Simmel als Entwicklung zur *modernen bürgerlichen Gesellschaft* beschrieben (Simmel, 1908).

4. Fazit

Fasst man zusammen muss man feststellen, dass Individualisierung und Moderne – nach westlichen Gesichtspunkten – Hand in Hand gehen. Man kann das eine kaum definieren ohne auf das andere zurückzugreifen. Auch Simmels Individualitätstheorie erklärt sich hauptsächlich über Phänomene die direkte oder indirekte Folgen der Modernisierung und Industrialisierung waren. Jedoch sieht Simmel die Anfänge bereits in der Zeit der Aufklärung:

> *„Noch stärker und charakteristischer als in der Gegenwart zeigte sich die Kraft des geistigen und Bildungsinteresses, das Zusammengehörige aus höchst verschiedenen Kreisen heraus zu differenzieren und zu einer neuen Gemeinschaft zusammenzuschließen in der Renaissancezeit."*
> (Simmel 1890, S.101)

Man muss jedoch beachten, dass es sich bei der Individualisierung um eine Form des sozialen Wandels handelt, der sich nicht von einen auf den anderen Tag vollziehen kann. Nach Simmels Theorie ist die Entwicklung des Individuums nur möglich wenn traditionelle Strukturen zumindest teilweise abgelegt werden. Bedenkt man, dass die Strukturen über Jahrhunderte das Leben der Menschen bestimmt haben wird klar, dass der Prozess der Individualisierung nicht innerhalb eines im Vergleich doch recht kurzen Zeitraums wie dem der Moderne geschehen kann.

In die Epoche der Moderne werden die deutlichsten Fortschritte gemacht, was die Freiheit der Individuen angeht und der Prozess der Individualisierung wird in keiner anderen Epoche deutlicher. Dennoch handelt es sich nicht um ein *rein modernes Phänomen* sondern wie die meisten sozialen Prozesse eine langwierige Entwicklung die ihren Ursprung bereits vor der Moderne hat und nicht zwingend mit ihr endet. So könnte man zum Beispiel auch argumentieren, dass die *68er Bewegung* oder das *Web2.0* weitere Schritte zu mehr Individualität, mehr Freiheit waren. Die Frage ist: Wie individuell wollen wir wirklich sein? Bedenkt man, dass mit immer größer werdender Freiheit dem Einzelnen immer weniger Originalität und Eigenart zukommt, da es dem erweiterten Kreis in dem er sich bewegt selbst an Individualität mangelt (Vgl. Schroer 2000, S.292).

Dieses Paradox zeigt sich auch auf den anfangs erwähnten Profilen der Nutzer sozialer Plattformen die in ihrer Bemühung so individuell wie nur irgendwie möglich zu sein doch alle irgendwie gleich sind.

Literaturverzeichnis

Eckhardt, Frank (2004): Soziologie der Stadt. Bielefeld: transcript Verlag. S.14-17

Schroer, Markus (2000): Das Individuum der Gesellschaft. Frankfurt am Main: Suhrkamp Verlag. S.284-311

Simmel, Georg (1903): Die Grossstädte und das Geistesleben. In: Petermann, Th. (Hrsg): Die Grossstadt. Vorträge und Aufsätze zur Städteausstellung. Jahrbuch der Gehe-Stiftung Dresden, Band 9. Dresden. S.185-206

Simmel, Georg (1908): Soziologie. Untersuchungen über die Formen von Vergesellschaftung. Leipzig: Duncker & Humblot. S.403-453

Simmel, Georg (1890): Über soziale Differenzierung. Soziologische und psychologische Untersuchungen. Leipzig: Duncker & Humbolt. S.100-116

BEI GRIN MACHT SICH IHR WISSEN BEZAHLT

- Wir veröffentlichen Ihre Hausarbeit, Bachelor- und Masterarbeit

- Ihr eigenes eBook und Buch - weltweit in allen wichtigen Shops

- Verdienen Sie an jedem Verkauf

Jetzt bei www.GRIN.com hochladen und kostenlos publizieren